받아쓰기 짱

1단계

첫째 마당 1. 새로운 마음 으로 ············ 3
(우리, 우리 가족, 우리는 하나)

2. 배우는 우리 ················ 11
(나의 꿈, 학교 가는 길)

둘째 마당 1. 재미있는 말 ················ 20
(엄마돼지, 아기돼지, 춤을 추어요, 오리)

2. 이야기보따리 ················ 30
(곰과 여우, 심심해서 그랬어요.)

셋째 마당 1. 머리를 맞대고 ················ 49
(운동, 이사를 간 물고기)

2. 생각하는 우리 ················ 64
(놀이터에서, 괘종시계와 뻐꾸기시계, 장난감)

넷째 마당 1. 마음을 담아서 ················ 79
(상수와 영희)

2. 다정한 친구 ················ 87
(준호의 실수, 학용품 이야기, 도도와 미미)

글씨를 쓰는 바른 자세

① 허리를 곧게 펴고 앉습니다.
② 손으로 턱을 괴지 않습니다.
③ 고개를 너무 숙이지 않습니다.
④ 엉덩이가 의자 맨 뒤까지 닿도록 앉습니다.
⑤ 다리를 적당히 벌리고 앉습니다.

 연필 바르게 잡는 자세

① 연필을 가운뎃손가락으로 받치고, 엄지손가락과 집게손가락을 모아 잡습니다.
② 연필은 60° 정도로 세웁니다.
③ 적당한 힘을 주어 잡습니다.

 누가 연필을 바르게 쥐었나요? ○를 하세요.

 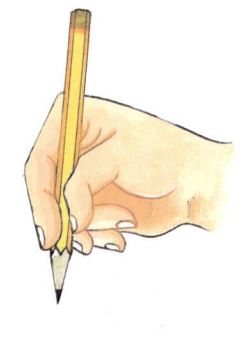 

(　　)　　(　　)　　(　　)

새로운 마음으로

 '우리'를 읽어 봅시다.

우리

나
너
나, 너,
우리.
너, 나,
우리

읽기 6~9쪽

 선을 따라가 낱말 풀이를 읽어 보세요.

나	—	상대방을 가리킬 때 쓰는 말
너	—	나와 너를 함께 부르는 말
우리	—	자기 자신을 가리킬 때 쓰는 말

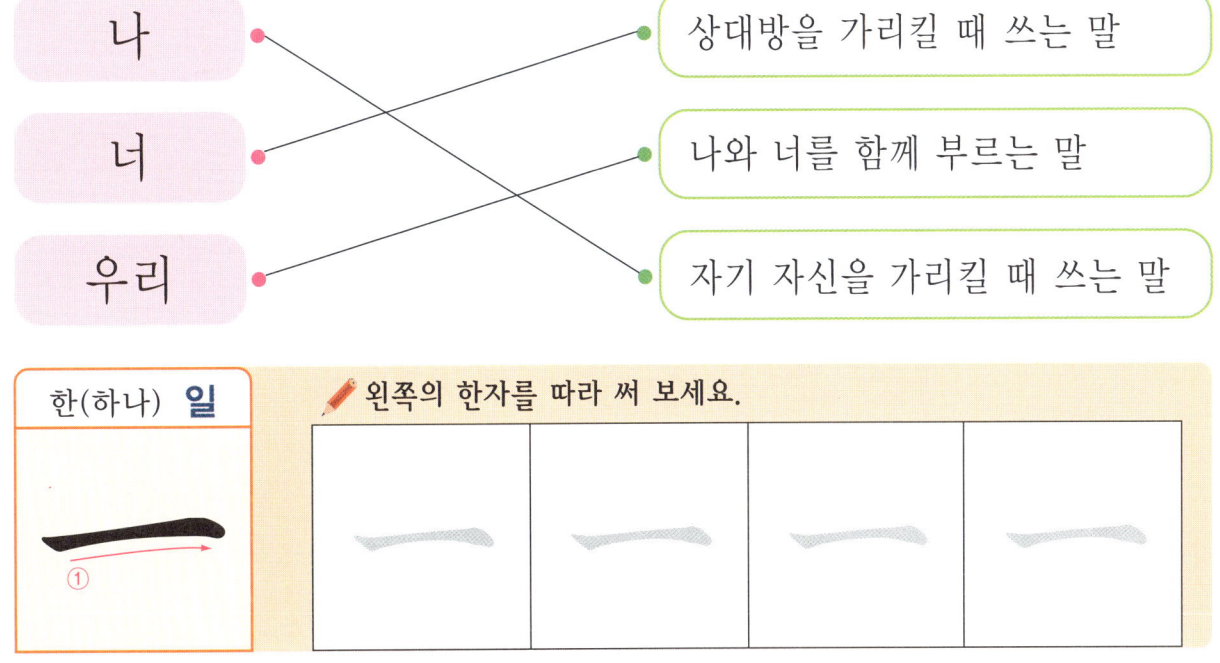

한(하나) 일

✏️ 왼쪽의 한자를 따라 써 보세요.

🐱 뜻풀이를 읽고 알맞게 낱말을 써 넣으세요.

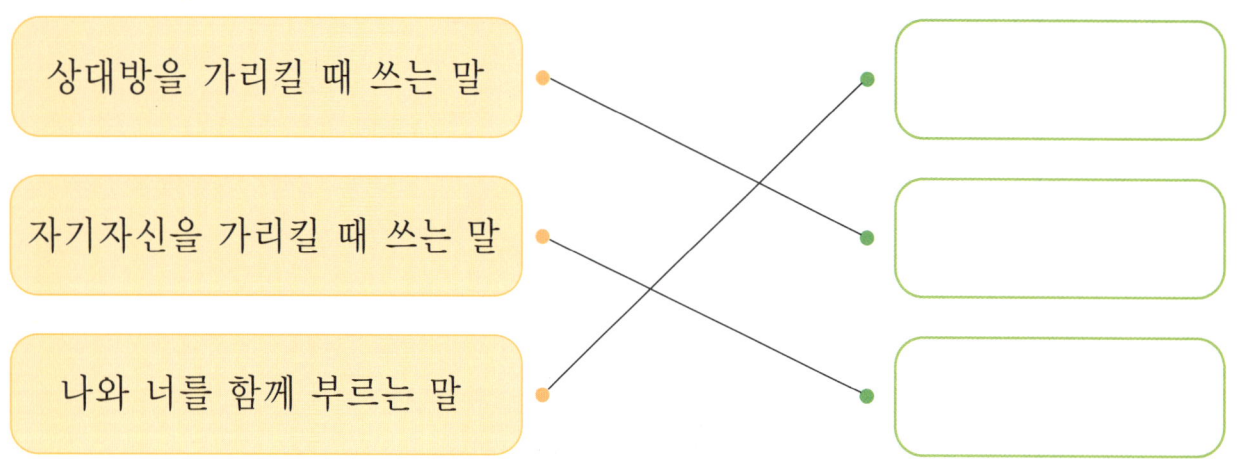

🐱 문장 부호와 글자의 모양을 잘 보고 쓰는 차례에 맞게 예쁘게 써 보세요.

나, 너, 우리.

🐱 다음 빈 칸에 '나', '너', '우리' 중에서 알맞은 말을 써 넣으세요.

· (　　　)는 유미야. (　　　)를 만나서 반가워.

· (　　　)친하게 지내자.

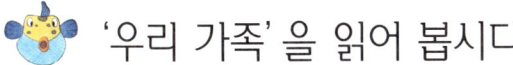 '우리 가족'을 읽어 봅시다.

우리 가족

읽기 10~13쪽

아버지,
우리 아버지.
어머니,
우리 어머니.
아기,
우리 아기.
어머니,

아버지,
아기,
나,
우리 가족.

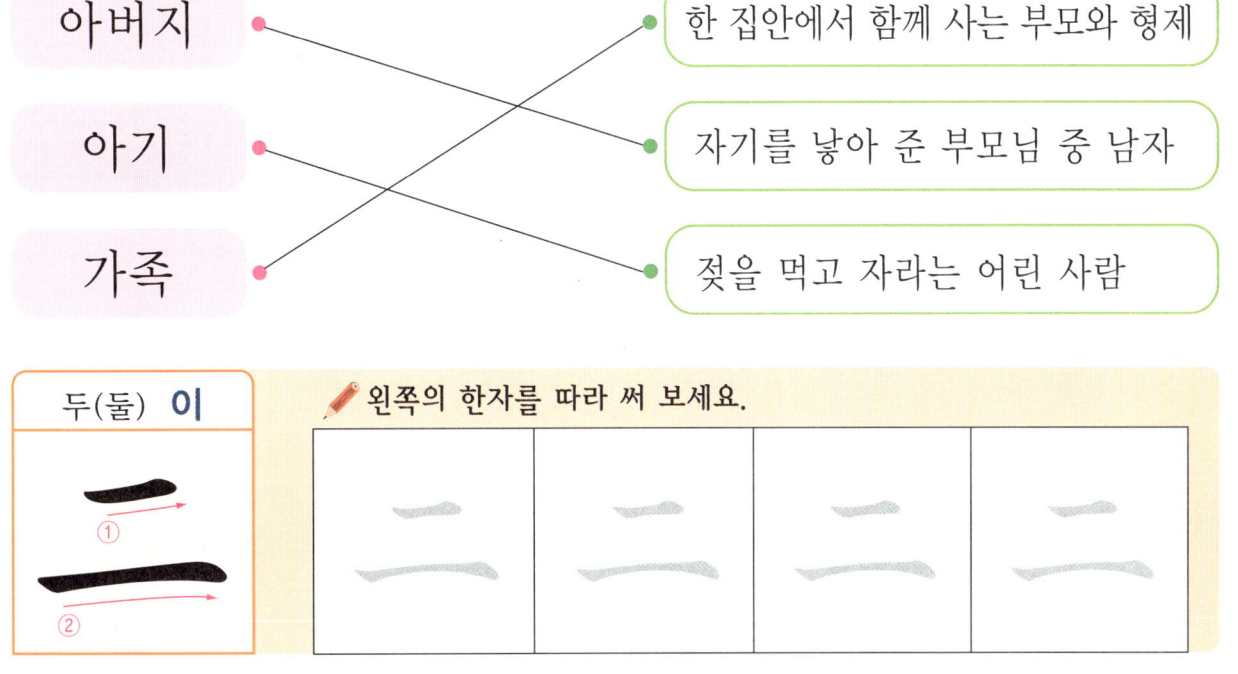 선을 따라가 낱말 풀이를 읽어 보세요.

아버지	—	한 집안에서 함께 사는 부모와 형제
아기	—	자기를 낳아 준 부모님 중 남자
가족	—	젖을 먹고 자라는 어린 사람

두(둘) 이
二

왼쪽의 한자를 따라 써 보세요.

뜻풀이를 읽고 알맞게 낱말을 써 넣으세요.

| 젖을 먹고 자라는 어린 사람 |
| 자기를 낳아 준 부모님 중 남자 |
| 한 집안에서 함께 사는 부모와 형제 |

글자의 모양을 잘 보고 쓰는 차례에 맞게 써 보세요.

아버지   어머니   나

아기   우리 가족

'우리는 하나'를 읽어 봅시다.

우리는 하나

읽기 18~21쪽

친구,
내 친구,
정다운 친구.

선생님,
우리 선생님,
고마우신 선생님.

학교,
우리 학교,
즐거운 학교.

나, 친구, 선생님.

모두 모여
우리는 하나.

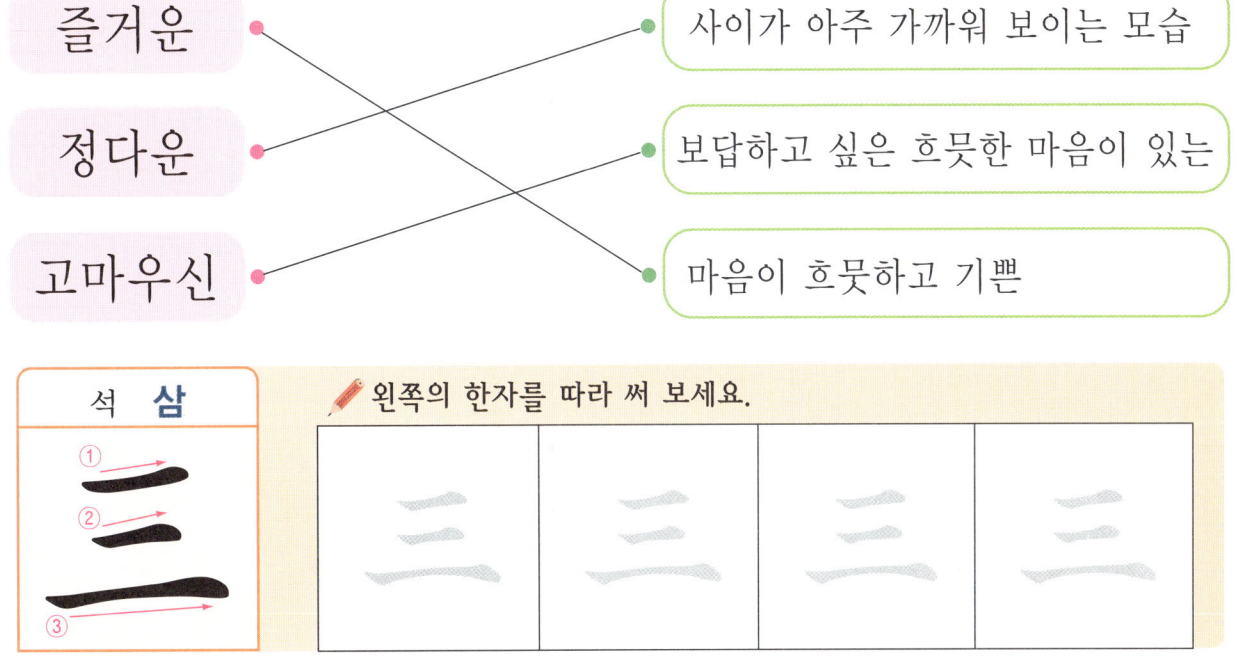 선을 따라가 낱말 풀이를 읽어 보세요.

문장 부호와 글자의 모양을 잘 보고 쓰는 차례에 맞게 예쁘게 써 보세요.

친구, 내 친구,

정다운 친구

선생님, 우리 선

문장 부호와 글자의 모양을 잘 보고 쓰는 차례에 맞게 예쁘게 써 보세요.

생님, 고마우신

선생님. 학교, 우

리 학교, 즐거운

문장 부호와 글자의 모양을 잘 보고 쓰는 차례에 맞게 예쁘게 써 보세요.

학교, 나, 친구,

선생님. 모두 모

여 우리는 하나.

파란색으로 쓴 낱말의 발음에 주의하며 글을 읽어 보세요.

나의 꿈

읽기 28~29쪽

나는 김슬기 입니다.

나는 ①그림을 잘 그립니다.

나는 화가가 되고 ②싶습니다.

① 그리믈 ② 십씀니다

 선을 따라가 낱말 풀이를 읽어 보세요.

꿈	— 사물의 모양이나 느낌을 선이나 색을 이용하여 나타낸 것.
그림	— 자기가 되고자 하는 바람이나 소망
화가	— 그림을 그리는 것을 일로 삼는 사람

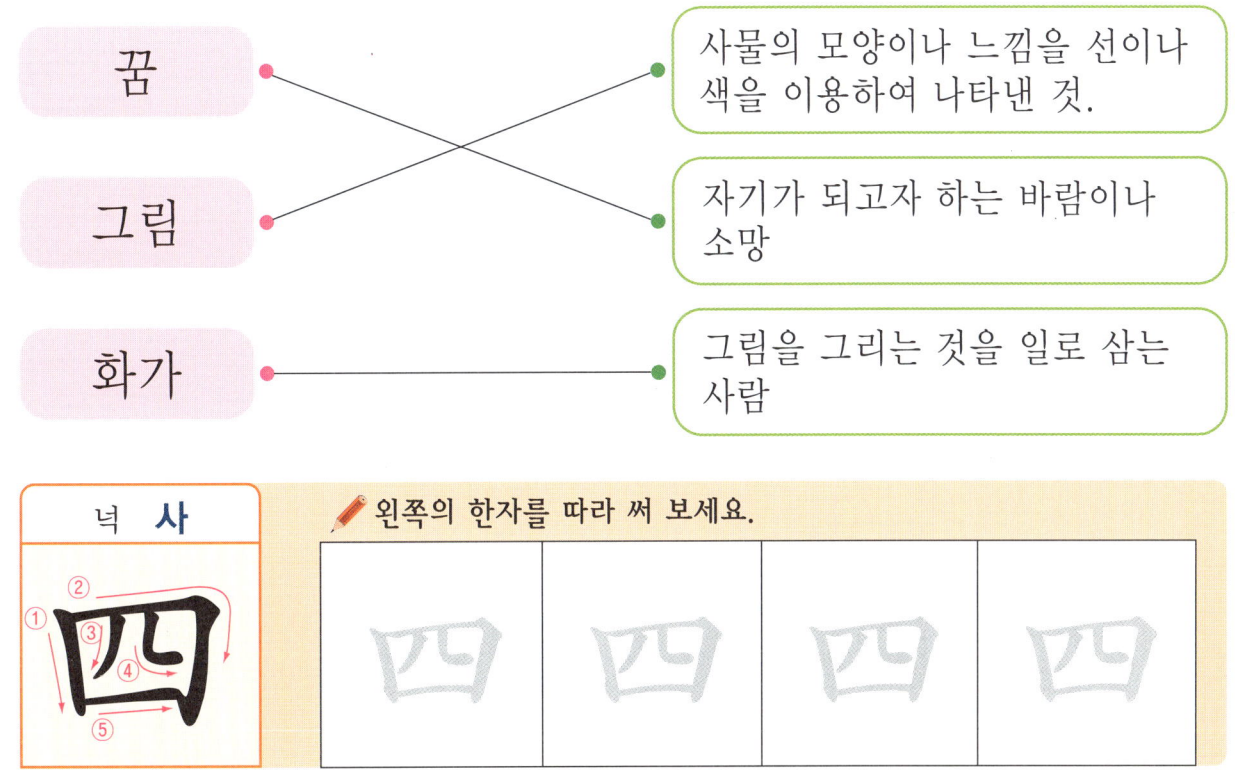

문장 부호와 띄어 쓰기, 글자의 모양을 잘 보고 예쁘게 써 보세요.

나는 김슬기입니다. 나는 그림을 잘 그립니다.

문장 부호와 띄어 쓰기, 글자의 모양을 잘 보고 예쁘게 써 보세요.

나는 화가가 되

고 싶습니다.

나의 꿈 화가

다음 ( )안에 낱말 중 바르게 쓴 낱말에 ○를 하고, 문장을 써 보세요.

우리 (어머이 · 어머니)

➡ 우리 어머니

(내 · 네) 친구

➡

즐거운 (학꾜 · 학교)

➡

(그리믈 · 그림을) 잘 그립니다.

➡

화가가 되고 (싶습니다 · 십씀니다.)

➡

(무엇이 · 무어시) 될까?

➡

받아쓰기

*예시문 111쪽 참조하세요.

선생님께서 불러 주시는 말을 바르게 받아 써 봅시다.

1
2
3
4
5
6
7
8
9
10

틀린문장을 다시 써 보세요.

파란색으로 쓴 낱말의 발음에 주의하며 글을 읽어 보세요.

학교 가는 길

읽기 33쪽

아침입니다.
"어머니, 학교에 다녀오겠습니다."
수진이가 어머니께 인사를 합니다.
길에서 ①친구를 만납니다.
"수진아, 안녕?"
"진수야, 안녕?"
수진이는 진수와 함께 학교에 ②갑니다.

① 만남니다 ② 감니다

 선을 따라가 낱말 풀이를 읽어 보세요.

길	—	같이, 더불어, 동시에
안녕	—	만나거나 헤어질 때의 인사말
함께	—	사람이 다닐 수 있도록 만들어진 곳

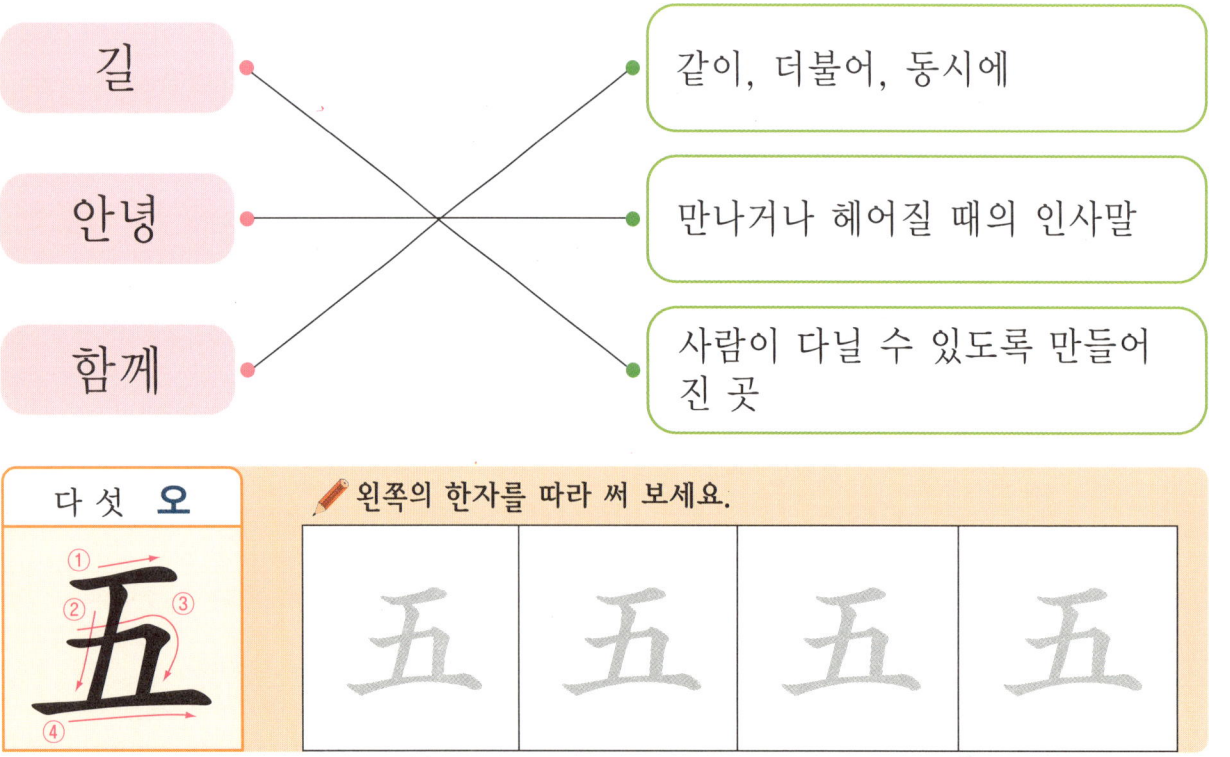

다섯 오
五

왼쪽의 한자를 따라 써 보세요.

문장 부호와 띄어 쓰기, 글자의 모양을 잘 보고 예쁘게 써 보세요.

아침입니다.

"어머니 학교

에 다녀오겠습

문장 부호와 띄어 쓰기, 글자의 모양을 잘 보고 예쁘게 써 보세요.

니다."

수진이가 어머

니께 인사를 합

문장 부호와 띄어 쓰기, 글자의 모양을 잘 보고 예쁘게 써 보세요.

니다.

수진이는 진수

와 함께 갑니다.

파란색으로 쓴 낱말의 발음에 주의하며 글을 읽어 보세요.

엄마돼지 아기돼지

읽기 40쪽

토실토실 아기돼지

밥 달라고 꿀꿀꿀.

엄마돼지 오냐오냐

알았다고 꿀꿀꿀.

선을 따라가 낱말 풀이를 읽어 보세요.

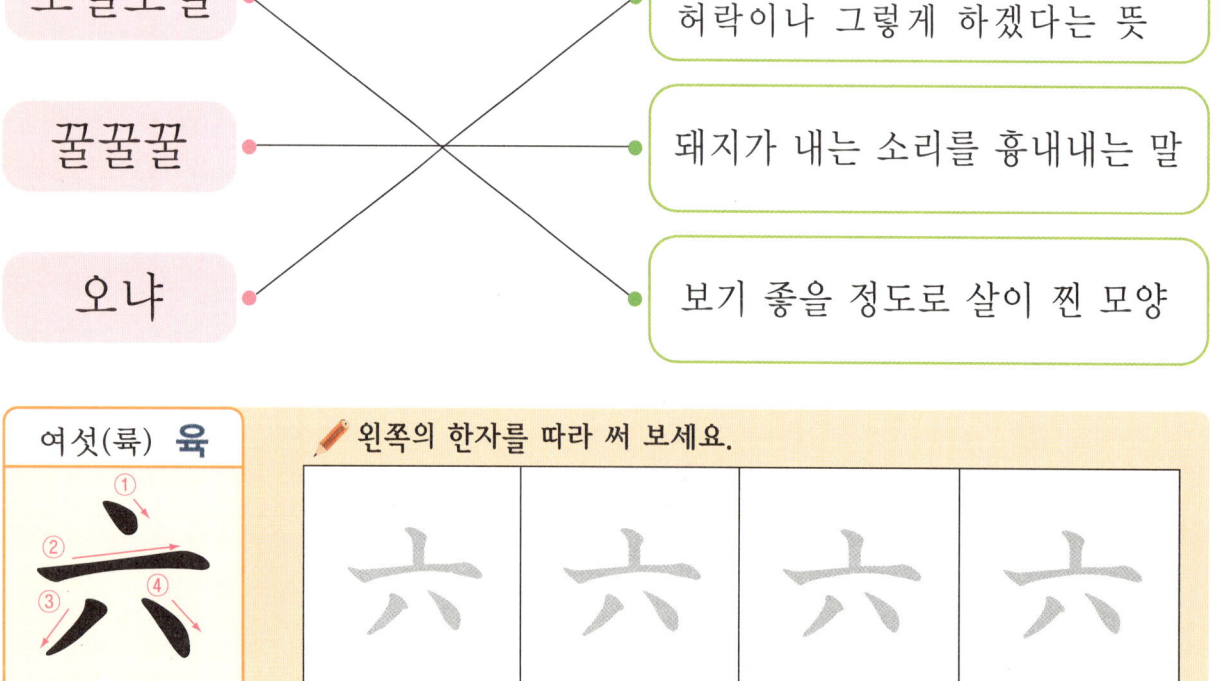

문장 부호와 띄어 쓰기, 글자의 모양을 잘 보고 예쁘게 써 보세요.

토실토실 아기

돼지 밥 달라고

꿀꿀꿀. 엄마 돼지

문장 부호와 띄어 쓰기, 글자의 모양을 잘 보고 예쁘게 써 보세요.

오	냐	오	냐		알	았	다
고		꿀	꿀	꿀	.	엄	마
돼	지		아	기	돼	지	

파란색으로 쓴 낱말의 발음에 주의하며 글을 읽어 보세요.

춤을 추어요

읽기 42쪽

춤을 추어요,
고개를 끄덕끄덕
어깨를 으쓱으쓱
엉덩이를 흔들흔들.

덩실덩실
신나게 춤을 추어요.

 선을 따라가 낱말 풀이를 읽어 보세요.

으쓱으쓱 — 흥겨워 춤을 추는 모양

덩실덩실 — 즐거워서 기분이 좋아지게

신나게 — 어깨를 올렸다 내렸다 하는 모양

일곱 칠
七

왼쪽의 한자를 따라 써 보세요.

七 七 七 七

문장 부호와 띄어 쓰기, 글자의 모양을 잘 보고 예쁘게 써 보세요.

춤	을		추	어	요	.	고
개	를		끄	덕	끄	덕	
어	깨	를		으	쓱	으	쓱

문장 부호와 띄어 쓰기, 글자의 모양을 잘 보고 예쁘게 써 보세요.

엉덩이를 흔들흔들 덩실덩실 신나게 춤을 추어

파란색으로 쓴 낱말의 발음에 주의하며 글을 읽어 보세요.

오리

읽기 44쪽

풍덩 엄마오리
①연못 속에 풍덩.
퐁당 아기 오리
엄마 따라 퐁당.
둥둥 엄마 오리
연못 위에 둥둥.
동동 아기오리
엄마 따라 동동.

① 연몯쏘게

 선을 따라가 낱말 풀이를 읽어 보세요.

풍덩		물이 고여 있는 곳
연못		큰 물건이 깊은 물에 빠질 때 나는 소리
둥둥		물 위에 물건이 떠서 움직이는 모양

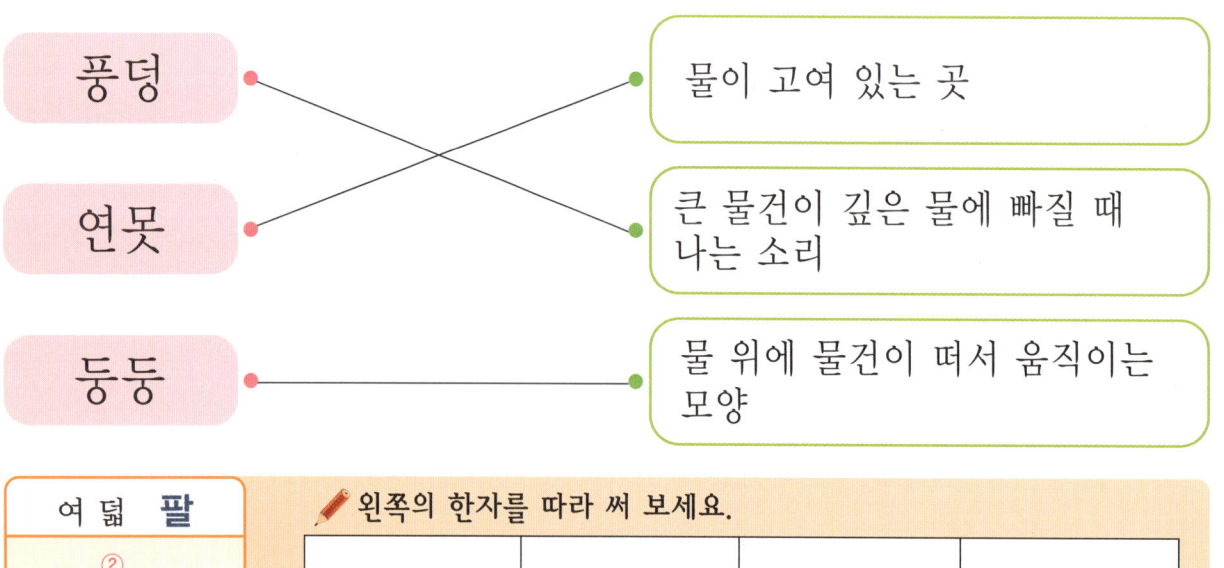

문장 부호와 띄어 쓰기, 글자의 모양을 잘 보고 예쁘게 써 보세요.

풍덩 엄마오리

연못 속에 풍덩

퐁당 아기오리

문장 부호와 띄어 쓰기, 글자의 모양을 잘 보고 예쁘게 써 보세요.

둥둥 엄마오리

연못 위에 둥둥

엄마 따라 둥둥

받아쓰기

*예시문 111쪽 참조하세요.

선생님께서 불러 주시는 말을 바르게 받아 써 봅시다.

1
2
3
4
5
6
7
8
9
10

틀린문장을 다시 써 보세요.

파란색으로 쓴 낱말의 발음에 주의하며 글을 읽어 보세요.

곰과 여우

읽기 46~47쪽

곰이 골짜기에서 가재를 잡고 있습니다. ①꾀 많은 여우가 슬금슬금 다가갑니다.

"곰아, 저 나무에 있는 ②꿀을 ③따서 나눠 먹지 않을래?"

곰이 여우의 뒤를 성큼성큼 따라갑니다.

'헤헤, 맛있겠다.
나 혼자 ④먹어야지.'
여우가 꾀를 냅니다.

① 마는 ② 꾸를 ③ 아늘레 ④ 머거야지

 선을 따라가 낱말 풀이를 읽어 보세요.

골짜기	발을 높이 들어 크게 움직이는 모양
슬금슬금	두 산 사이의 움푹 파여 들어간 곳
성큼성큼	남이 모르게 눈치를 살펴 가며 슬그머니 움직이는 모양

문장 부호와 띄어 쓰기, 글자의 모양을 잘 보고 예쁘게 써 보세요.

곰이 골짜기에서 가재를 잡고 있습니다. 꾀 많

문장 부호와 띄어 쓰기, 글자의 모양을 잘 보고 예쁘게 써 보세요.

은 여우가 슬금

슬금 다가갑니다.

"곰아, 저 나

문장 부호와 띄어쓰기, 글자의 모양을 잘 보고 예쁘게 써 보세요.

"무에 있는 꿀

을 따서 나눠

먹지 않을래?"

문장 부호와 띄어 쓰기, 글자의 모양을 잘 보고 예쁘게 써 보세요.

'헤헤, 맛있겠다. 나 혼자 먹어야지.'

읽기 49쪽

"곰아, 네가 나무 위로 올라가 벌집을 따서 던져. 그러면 내가 ①받을게."

곰이 살금살금 나무 위로 올라갑니다. 그리고 꿀이 가득 들어 있는 벌집을 따서 아래로 던집니다.

여우가 ②벌집을 받아들고는 도망을 칩니다.

벌들이 여우를 ③쫓아가며 침을 쏘아 댑니다. 여우의 몸이 통통 부어오릅니다. 여우가 엉엉 소리내서 웁니다.

① 바들께 ② 벌찌블 바다 ③ 쪼차가며 치믈

아홉 **구**

九

왼쪽의 한자를 따라 써 보세요.

문장 부호와 띄어 쓰기, 글자의 모양을 잘 보고 예쁘게 써 보세요.

"곰아, 네가

나무 위로 올

라가 벌집을

문장 부호와 띄어 쓰기, 글자의 모양을 잘 보고 예쁘게 써 보세요.

따서 던져 그러면 내가 받을게."

문장 부호와 띄어 쓰기, 글자의 모양을 잘 보고 예쁘게 써 보세요.

여우가 벌집을 받아들고는 도망을 칩니다.

문장 부호와 띄어 쓰기, 글자의 모양을 잘 보고 예쁘게 써 보세요.

벌들이 여우를
쫓아가며 침을
쏘아 댑니다.

다음 ( )안에 낱말 중 바르게 쓴 낱말에 ◯를 하고, 문장을 써 보세요.

토실토실 아기 (되지 · 돼지)

(춤을 · 추믈) 추어요.

연못 (속에 · 쏘게) 풍덩.

꾀 (마는 · 많은) 여우

(가재 · 가제)를 잡고 있습니다.

그러면 내가 (받을게 · 바들께)

받아쓰기

*예시문 111쪽 참조하세요.

선생님께서 불러 주시는 말을 바르게 받아 써 봅시다.

1.
2.
3.
4.
5.
6.
7.
8.
9.
10.

틀린문장을 다시 써 보세요.

파란색으로 쓴 낱말의 발음에 주의하며 글을 읽어 보세요.

심심해서 그랬어요.

읽기 50~51쪽

어느 날 오후입니다. 엄마와 아빠는 ①밭을 매러 가시고, 돌이가 혼자서 ②집을 봅니다.

"아이, 심심해."

돌이가 토끼장 ③문을 엽니다. 토끼들이 신이 나서 깡충깡충 뛰어나옵니다. 외양간 빗장을 풀자, 소들도 신이 나서 겅중겅중 뛰어나옵니다.

① 바틀 ② 지블 봄니다 ③ 무늘 염니다

 선을 따라가 낱말 풀이를 읽어 보세요.

| 빗장 | 말이나 소를 기르기 위해 만들어 놓은 집 |
| 외양간 | 문을 잠글 때에 가로지르는 나무 |

문장 부호와 띄어 쓰기, 글자의 모양을 잘 보고 예쁘게 써 보세요.

밭을 매러 가시고, 돌이가 혼자서 집을 봅니다.

문장 부호와 띄어 쓰기, 글자의 모양을 잘 보고 예쁘게 써 보세요.

토끼장 문을 엽

니다. 소들도 신

이 나서 겅중겅중

파란색으로 쓴 낱말의 발음에 주의하며 글을 읽어 보세요.

읽기 52~53쪽

토끼들이 배추를 오물오물 ①맛있게 먹습니다.

"안 돼, 빨리 돌아와."

돌이가 배추②밭으로 허둥허둥 달려갑니다.

"음매, 음매."

소들이 보리밭으로 껑중껑중 뛰어갑니다. 소들이 보리를 우적우적, 우물우물 먹습니다.

"아유, 그걸 ③먹으면 어떻게 해?"

돌이가 발을 동동 구릅니다.

① 마싣께 먹씀니다 ② 도라와 ③ 머그면

선을 따라가 낱말 풀이를 읽어 보세요.

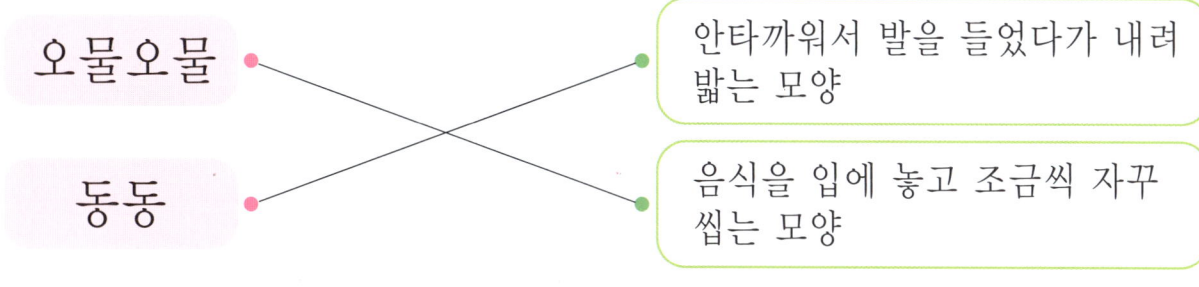

오물오물 — 음식을 입에 놓고 조금씩 자꾸 씹는 모양

동동 — 안타까워서 발을 들었다가 내려 밟는 모양

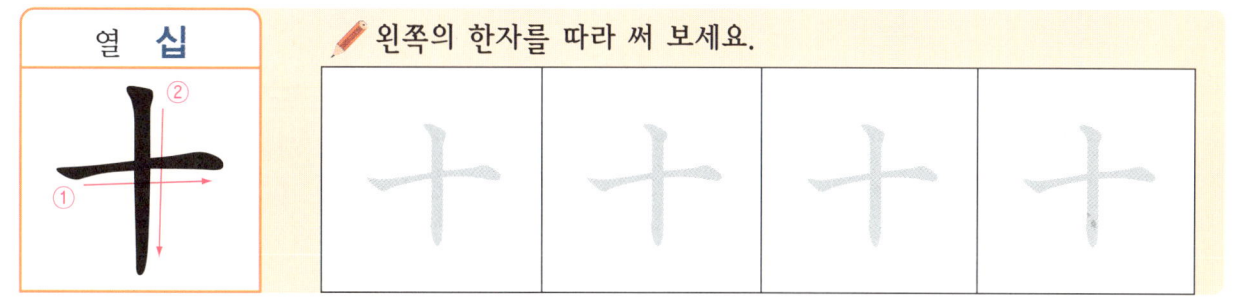

열 **십**

왼쪽의 한자를 따라 써 보세요.

十 十 十 十 十

문장 부호와 띄어 쓰기, 글자의 모양을 잘 보고 예쁘게 써 보세요.

소들이 보리밭으

로 뛰어갑니다.

"아유, 그걸

문장 부호와 띄어 쓰기, 글자의 모양을 잘 보고 예쁘게 써 보세요.

먹으면 어떻게

해?"

울상이 됩니다.

문장 부호와 띄어 쓰기, 글자의 모양을 잘 보고 예쁘게 써 보세요.

맛있게 먹습니다.

"안 돼 빨리

돌아와."

운동

읽기 71쪽

나는 운동을 ①열심히 합니다. 아침에 일찍 일어나 체조를 합니다. 오후에는 친구들과 함께 축구를 합니다.

나는 운동을 열심히 하는 것이 ②좋다고 생각합니다.

① 열씨미 ② 조타고

 선을 따라가 낱말 풀이를 읽어 보세요.

운동	—	한데 어울리거나 더불어
아침	—	해가 떠서 날이 밝아 오는 때
함께	—	몸을 튼튼하게 하기 위하여 몸을 움직이는 일

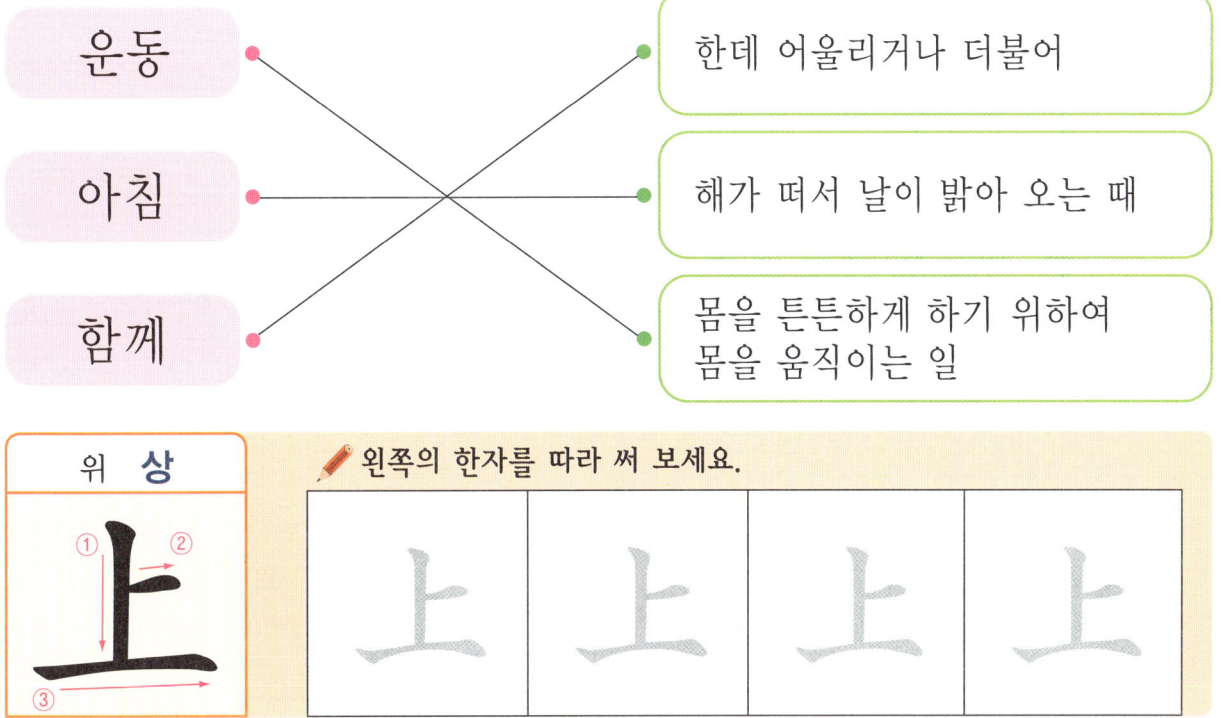

위 상 — 上

왼쪽의 한자를 따라 써 보세요.

문장 부호와 띄어 쓰기, 글자의 모양을 잘 보고 예쁘게 써 보세요.

운동을 열심히
합니다. 아침에
일찍 일어나 체

문장 부호와 띄어 쓰기, 글자의 모양을 잘 보고 예쁘게 써 보세요.

조를 합니다.

운동을 열심히

하는 것이 좋다.

받아쓰기

*예시문 111쪽 참조하세요.

● 선생님께서 불러 주시는 말을 바르게 받아 써 봅시다.

1
2
3
4
5
6
7
8
9
10

● 틀린문장을 다시 써 보세요.

이사를 간 물고기

읽기 72쪽

일요일 아침, 영수는 아버지의 고향 마을인 샘골로 가는 버스를 탔습니다. 차창 밖으로 보이는 시골 풍경이 아름다웠습니다.

"영수야, 아버지는 어렸을 때 냇가에서 재미있게 놀았단다. 물고기도 잡으면서 말이야."

"지금도 물고기가 살고 있겠지요?"

영수는 물고기가 즐겁게 노는 모습을 볼 수 있다는 생각에 기뻤습니다. 차가 너무 천천히 간다고 생각하였습니다. 버스에서 내려 샘골 마을로 향하였습니다.

길가의 꽃들이 방긋방긋 인사를 하는 것 같았습니다.

① 바끄로 ② 자브면서 마리야 ③ 모스블 ④ 가탈씀니다

선을 따라가 낱말 풀이를 읽어 보세요.

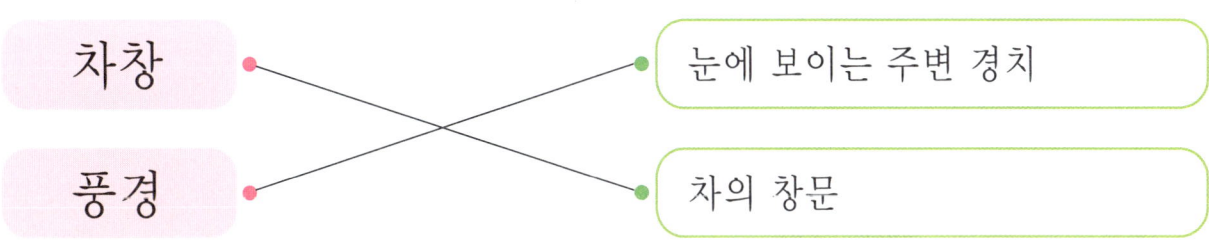

문장 부호와 띄어 쓰기, 글자의 모양을 잘 보고 예쁘게 써 보세요.

차창 밖으로 보이는 풍경이 아름다웠습니다.

문장 부호와 띄어 쓰기, 글자의 모양을 잘 보고 예쁘게 써 보세요.

어렸을 때 냇가
에서 재미있게
놀았단다.

문장 부호와 띄어 쓰기, 글자의 모양을 잘 보고 예쁘게 써 보세요.

물고기도　잡으면

서　말이야. 물고

기가　즐겁게　노

지능, 신기교육 주산문제
숫자와주판의 만남 상(11급수준)
숫자와주판의 만남 하(10급수준)
숫자와주판의 만남 숙달1단계(7급)
숫자와주판의 만남 숙달2단계(6급)
기초주산교본 상(9급)
기초주산교본 하(8급)
정통주산문제연습장 7급~1급(8절)
◆ 연산 / 보수 / 속셈 문제
(연산) 기초속셈문제 저학년
(연산) 기초속셈문제 고학년
숫자(속셈)공부
숫자공부1(지능정복1단계)
숫자공부2(지능정복2단계)
지능속셈정복 3~12단계
하나둘셋 (속셈문제 1단계)
속셈문제연습 2~13단계
지능 시계공부
◆ 영어 첫걸음 / 회화 / 영문법
영어회화 1~2
어린이영어 첫걸음, 1, 2, 3단계
패스 기초 영문법
별님이 영어 1, 2, 3단계
영어를 한글같이발음첫걸음1,2
기초 영문법
문학 월간지, 계간지
좋은문학 월간지(년간 12권)
좋은문학 동인집 1~6집
좋은문학 계간지
한국문학 계간지
오은문학 계간지(봄,여름,가을,겨울)
기타 / 단행본
손유희로 꾸며본 성경이야기
손유희 성경이야기 Tape
손유희 창작구연동화
손유희 창작구연동화 Tape
말거리 365 웅변원고
천재여 일어나라
컴퓨터 한자사전 (CD포함)
미용학 사전
헤어 어드벤처
세계를 품은 아이
- 기타 단행본 안내 - 각종출판사 약 1,000종

푸른잔디 출판사 연간 프로그램 단계별 언어인지 10권/수리탐구10권
러닝 투게더 병아리반
러닝 투게더 영아반
러닝 투게더 유아반
러닝 투게더 유치반
연간 프로그램 (단계별 의사소통, 수리탐구, 자연탐구, 사회탐구, 그리고색칠하기, 오리고만들기, 한자 등)
키우미 채우미 영아반
키우미 채우미 유아반
키우미 채우미 유치반
월간 프로그램 (단계별 한글 20권, 수학 20권)
아이러브 시리즈 A단계
아이러브 시리즈 B단계
아이러브 시리즈 C단계
아이러브 시리즈 D단계
단계별 프로그램
스토리텔링 학습으로 배우는 한글캠프 1~7권, 1학년
스토리텔링 학습으로 배우는 수학캠프 1~7권, 1학년
푸른한글 1~7단계
푸른수학 1~7단계
봉봉 드로잉북 1~6권
푸른잔디 미술
러닝 투게더 미술 초급 4권
러닝 투게더 미술 중급 4권
러닝 투게더 미술 고급 4권
프뢰벨의 가베
러닝 투게더 프뢰벨의 가베 A단계 10권
러닝 투게더 프뢰벨의 가베 B단계 10권
러닝 투게더 프뢰벨의 가베 C단계 10권
러닝 투게더 프뢰벨의 가베 D단계 10권

시집
당신이 그리우면 산에 올라(이영환)
솔 모루의 봄(홍현서)
촛불(정용규)
은혜 속에 피어난 꽃(이도영 1집)
고난 속에 핀 꽃(이도영 2집)
아름다운 사회 글과 시(김기호)
문인들의 밥솥(이정희 1집, 2집)
천국소망(이도영 3집)
사랑과 은혜(이도영 4집)
사랑 나눔(이도영 5집)
공갈못(공검지)(최용식)
별 밤에 피어난 꽃(조복수)
낙원(문쾌수)
또 하나의 사랑으로(조순화)
신데렐라 동시집(이도영)
인생여정 황홀한 노을을 걷다 (강충구)
마음으로 읽고 가슴으로 말한다 (김상문)
이슬은 꽃이 되다(이도영)
단풍이 곱던 날(김복임 수필)
왜 그들은 변하지 않는가?(이요나)
장곡산 메아리(서병진)
내 마음의 풍금 소리(한춘상)
그리움은 시가 되어(이도영)
바다가 되어(조화훈)
그대 머물고 간 자리(안경애)
나는 이렇게 산다(조철수)
삶은 시의 날개를 달고(이도영)
그대를 위하여(조화훈)
하얀 화선지(정일영)
바람에 피어난 꽃(조복수)
사전 (졸업선물)
정통 초등학교 새국어사전
초등학교 새영어사전
도감 (졸업선물)
아! 꽃이다
아! 공룡이다
화훼 학습자료
어린이 동물도감
도서출판 매일,창

●도서출판 지능,신기교육(도서총판 보람도서) 유치원, 어린이집, 학원 전문 학습교재 ●
한글/숫자/받아쓰기/영어/주산/암산/서예/한자/속셈/보습/웅변/글짓기/글쓰기/논술/속독
전화 02-856-4983 / 02-844-7130 휴대폰 010-5250-7130   팩스 02-856-4984

◆ 주산 / 암산 / 수리셈 시리즈	◆ 한글 / 숫자 / 받아쓰기	◆ 한자 / 중국어
주산짱암산짱+기초(개정판) 1, 2, 3	병아리반의 가나다라 상, 중, 하, 총정리	급수검정한자교본 8급
주산짱암산짱+기초(종합편)		급수검정한자교본 7급
주산짱암산짱+주산 10급~1급	병아리반의 하나둘셋 상, 중, 하, 총정리	급수검정한자교본 6급
주산짱암산짱+암산 10급~1급		급수검정한자교본 5급
주산짱암산짱+암산 단급	한글지도 I, II, III	급수검정한자교본 4급
뉴주산수리셈 1~10단계	똘이의 글마당 상, 중, 하(전3권)	급수검정한자교본 4급2
주산급수평가예상문제집 10급~1급	똘이의 글마당 상1, 상2 중1, 중2 하1, 하2(전6권)	급수검정한자교본 3급
주산급수평가예상문제집 단급 A단계,B단계	똘이의 셈마당 상, 중, 하	급수검정한자교본 3급2
	한글쓰기 1~3단계	급수검정한자교본 2급
주산짱암산짱+호산문제집	글셈합본 아름드리 하나~여섯	급수검정한자교본 1급
주산짱암산짱+학습장	영재 국어 글동산 1~5단계	비테에 한자여행 1~6
수리셈 주산입문 1	영재 수학 셈동산 1~3단계	급수한자자격 기출예상문제집 8급
수리셈 주산입문 2	내친구 한글아 상, 중 하	급수한자자격 기출예상문제집 7급
수리셈 주산연습문제집 12급~1급, 단급	내친구 한글아 완성편	급수한자자격 기출예상문제집 6급
	한글깨우침 1~6단계	
수리셈 암산연습문제집 9급~1급, 단급	수셈깨우침 1~6단계	급수한자자격 기출예상문제집 5급
	참똑똑한 한글달인 1~6단계	◆ 글쓰기 / 논술 / 속독
검정시험통합 주산암산문제집 12급~1급	참똑똑한 수학달인 1~6단계	알짜 글쓰기 1~12단계
	비테에 한글 1~8단계	동화속의 논술여행 A~D 각 1~5
주산수리셈 보충교재 1, 2	비테에 수학 1~8단계	
주산암산경기대회연습문제집 유치부, 1학년, 2학년, 고학년	비테에 종합커리큘럼 1~6단계	동화속의 논술여행 A~D세트 (각 세트 5권)
	원활동교실 1~6단계	
	꿈초롱별초롱 한글쓰기 초급, 중급, 고급	글쓰기왕국 36권 기초, 초급, 중급, 고급 각 1~9
주산수리셈 기초 1단계, 2단계	지혜모아 한글 1~5단계	브레인 두뇌속독
주산수리셈 영문판 1~10단계	해님이 우리글 1~6단계, 마무리	정속독 실기1, 2, 응용 1,2,3
주산 실무지도서	달님이 수놀이 1~6단계, 마무리	독서뱅크3
주산 실기연습문제집	받아쓰기 짱 1~4단계	출발! 동화나라 여행
주산교육과 두뇌건강	한글 받아쓰기 짱 1~4	
주판 13주(칼라) 23주	세종교육	
교사용주판 11종	개구쟁이 짱 첫 한글	정속독 실기1, 2, 응용 1,2,3
◆ 미술 / 창의	개구쟁이 짱 첫 수학	◆ 동요 / 동시
피카소는 내친구 1~6단계		우리 옛시조 감상
미술은 내친구 1~6단계	개구쟁이 짱 한글공부1~6	해맑은 아이들의 동시
미술이 좋아요 1,2,3	개구쟁이 짱 수학공부1~4	양면벽보
미술이 신나요 1,2,3	개구쟁이 수와셈1~5	한글,영어,숫자
창의 또래마당 1~4	낱말카드	한자200자,900자
	숫자카드	

단계별 학습 교재 세트는 낱권도 판매 가능
유치원, 학교, 학원, 방과후, 공부방 등 단체 공동구매 및 다량 주문시 특별할인판매
표지 및 정가는 홈페이지 쇼핑몰에서 확인하실 수 있습니다.
BORAMBOOK.CO.KR / boram@borambook.co.kr

문장 부호와 띄어 쓰기, 글자의 모양을 잘 보고 예쁘게 써 보세요.

는 모습을 볼

수 있다는   생각

에 기뻤습니다.

문장 부호와 띄어 쓰기, 글자의 모양을 잘 보고 예쁘게 써 보세요.

꽃들이 방긋방긋

인사를 하는 것

같았습니다.

파란색으로 쓴 낱말의 발음에 주의하며 글을 읽어 보세요.

읽기 73~74쪽

냇가에 다다랐을 때였습니다. 냄새가 났습니다. ①냇물에서 나는 냄새였습니다.

"어, 언제부터 이렇게 되었지?"

아버지가 깜짝 놀라셨습니다.

"아빠, 물고기가 살고 ②있을까요?

"냇물이 더러워졌으니 물고기도 다른 곳으로 이사를 갔을 거야."

냇물을 바라보는 아버지의 얼굴 표정이 어두워졌습니다. ③맑은 물과 뛰어노는 물고기를 볼 수 없었습니다.

영수는 속이 상하였습니다. ④집에 돌아온 영수는 낮에 있었던 일을 떠올리며 일기를 썼습니다.

① 낸무레서 ② 읻쓸까요 ③ 말근 ④ 지베 도라온

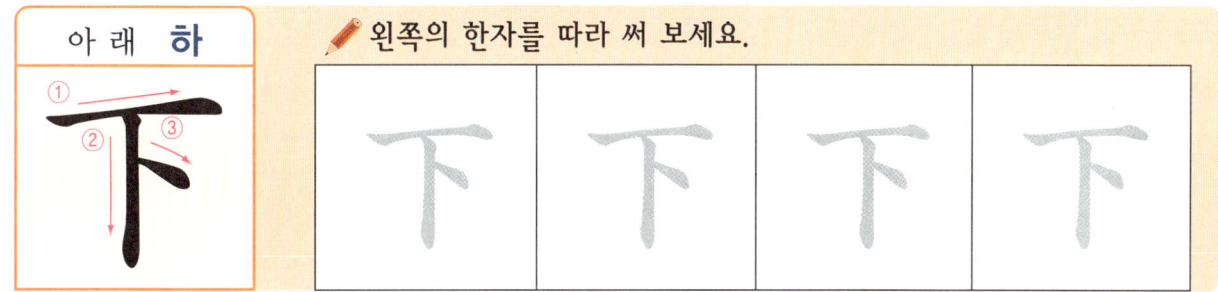

문장 부호와 띄어 쓰기, 글자의 모양을 잘 보고 예쁘게 써 보세요.

냇물에서 나는

냄새였습니다.

이렇게 되었지?

문장 부호와 띄어 쓰기, 글자의 모양을 잘 보고 예쁘게 써 보세요.

물고기가 살고

있을까요 냇물이

더러워졌으니 다

문장 부호와 띄어 쓰기, 글자의 모양을 잘 보고 예쁘게 써 보세요.

른		곳	으	로		이	사
를		갔	을		거	야	.
영	수	는		낮	에		있

문장 부호와 띄어 쓰기, 글자의 모양을 잘 보고 예쁘게 써 보세요.

었던 일을 떠올

리며 일기를 썼

습니다.

놀이터에서

읽기 76~77쪽

①햇볕이 따스한 오후였습니다. 영석이는 공을 들고 집을 나섰습니다.

'②놀이터에서 친구들과 공놀이를 해야지.'

많은 아이들이 놀이터에서 놀고 있었습니다. 민우와 진경이는 그네를 타고 있었습니다.

"애들아, 우리 함께 공놀이하자."

영석이가 공을 가리키며 말하였습니다.

"공놀이도 ③좋지만, 정글짐에서 놀면 더 재미있을 거야."

① 햇뼈치 ② 노리터 ③ 조치만

큰 대 / 왼쪽의 한자를 따라 써 보세요.

문장 부호와 띄어 쓰기, 글자의 모양을 잘 보고 예쁘게 써 보세요.

햇볕이 따스한

오후였습니다. 집

을 나섰습니다.

문장 부호와 띄어 쓰기, 글자의 모양을 잘 보고 예쁘게 써 보세요.

놀이터에서 친구

들과 공놀이를

해야지. 많은 아

문장 부호와 띄어 쓰기, 글자의 모양을 잘 보고 예쁘게 써 보세요.

이들이 놀이터에서 놀고 있었습니다.

읽기 78쪽

"나는 모래성을 쌓고 싶어.
노래를 부르면서 모래성을
쌓으면 재미있잖아?
진경이가 말하였습니다.

"그래도 나는 공놀이를 하
고 싶어. 이 다음에 멋진 운
동 선수가 되고 싶거든."
영석이가 공을 튀기면서 말
하였습니다.

① 싸코시퍼 ② 먼찐

 선을 따라가 낱말 풀이를 읽어 보세요.

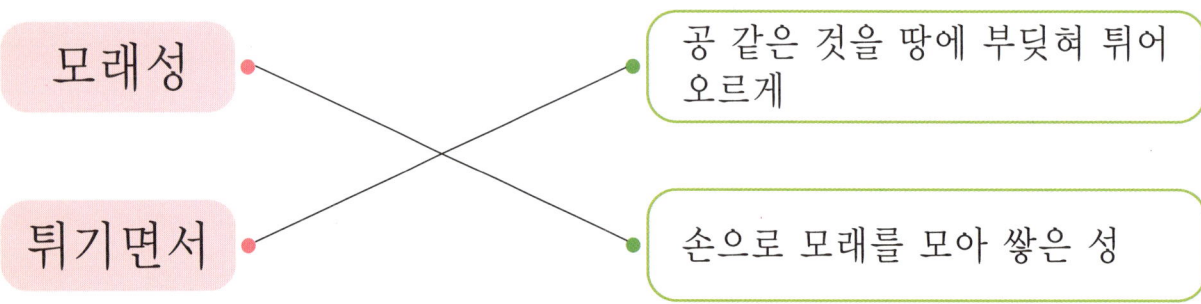

문장 부호와 띄어 쓰기, 글자의 모양을 잘 보고 예쁘게 써 보세요.

나	는		모	래	성	을	
쌓	고		싶	어	.	모	래
성	을		쌓	으	면		재

문장 부호와 띄어 쓰기, 글자의 모양을 잘 보고 예쁘게 써 보세요.

미있잖아 이 다음에 멋진 선수가 되고 싶거든.

받아쓰기

*예시문 112쪽 참조하세요.

선생님께서 불러 주시는 말을 바르게 받아 써 봅시다.

1
2
3
4
5
6
7
8
9
10

틀린문장을 다시 써 보세요.

괘종시계와 뻐꾸기시계

'뎅, 뎅, 뎅.'

'뻐꾹, 뻐꾹, 뻐꾹.'

괘종시계와 뻐꾸기시계가 서로 자기의 소리를 뽐내었습니다. 그런데 뻐꾸기시계는 괘종시계의 소리 때문에 자기의 소리가 잘 들리지 않는다고① 생각하였습니다. 뻐꾸기시계는 속상하였습니다②.

"괘종시계야, 너는 왜 그렇게 시끄러운 소리를 내니?"

뻐꾸기시계가 말하였습니다.

"그러는 너는 뻐꾸기도 아니면서 왜 뻐꾸기 흉내를 내니?"

이 말을 듣자, 뻐꾸기시계도 화가 났습니다.

① 안는다고 ② 속쌍하엳씀니다

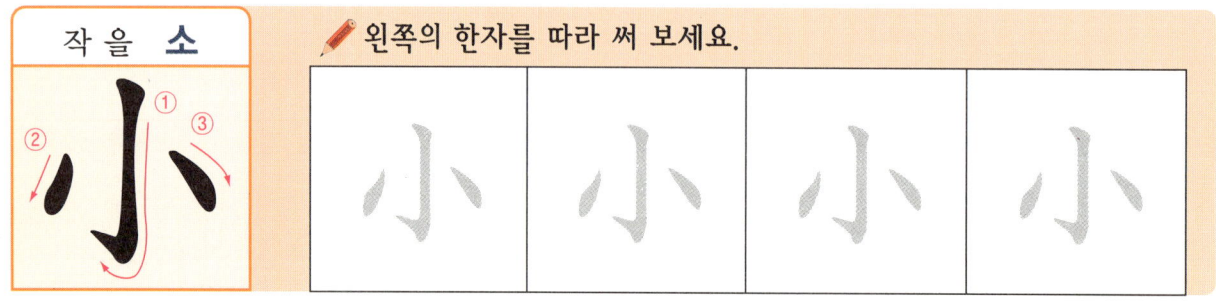

작을 소

문장 부호와 띄어 쓰기, 글자의 모양을 잘 보고 예쁘게 써 보세요.

서로 자기의 소리를 뽐내었습니다. 뻐꾸기시계는

문장 부호와 띄어 쓰기, 글자의 모양을 잘 보고 예쁘게 써 보세요.

속상하였습니다.

"왜 뻐꾸기

흉내를 내니?"

장난감

윤호는 장난감을 많이 가지고 있습니다. 아주 어릴 때부터 가지고 놀던 장난감입니다.

오후에 사촌 동생 경호가 놀러 왔습니다.

"형, 장난감 어디 있어?"

경호는 방에 들어서자마자, 윤호의 장난감을 찾았습니다. 윤호는 경호에게 장난감을 꺼내 주었습니다. 경호는 장난감을 가지고 재미있게 놀았습니다.

경호가 집으로 돌아가야 할 때가 되었습니다. 경호가 윤호에게 말하였습니다.

"형, 이 비행기 나줘."

"안 돼. 내가 가장 아끼는 장난감이야."

"형은 이 비행기말고도 장난감이 많잖아?"

윤호는 어떻게 해야 할지 망설였습니다.

문장 부호와 띄어 쓰기, 글자의 모양을 잘 보고 예쁘게 써 보세요.

장난감을 많이

가지고 있습니다.

방에 들어서자

문장 부호와 띄어 쓰기, 글자의 모양을 잘 보고 예쁘게 써 보세요.

장난감을 찾았습
니다. 꺼내 주었
습니다. 재미있게

문장 부호와 띄어 쓰기, 글자의 모양을 잘 보고 예쁘게 써 보세요.

놀았습니다. 어떻

게 해야 할지

망설였습니다.

상수와 영희

읽기 104~105쪽

영희가 교실에서 그림을 그리고 있었습니다.

상수가 실수로 영희의 어깨를 건드렸습니다.

"너 때문에 그림이 엉망이 되었잖아!"

영희가 화가 나서 말하였습니다.

영희가 화를 내자, 상수는 사과하고 싶은 마음이 없어졌습니다. 영희는 사과를 하지 않는 상수가 얄미웠습니다. 그래서 파란색 크레파스로 상수 도화지에 줄을 마구 그었습니다.

"모르고 그랬는데, 내 도화지에 줄을 마구 그으면 어떻게 해?"

상수가 울상이 되어 말하였습니다.

"상수야, 영희야, 왜 그러니?"

선생님께서 물으셨습니다.

"영희가 제 도화지에 줄을 마구 그었어요."

"상수 때문에 제 그림이 엉망이 되었어요."

선생님께서 빙그레 웃으며 말씀하셨습니다.

① 때무네 ② 마으미 ③ 무르셛씀니다 ④ 우스며

문장 부호와 띄어 쓰기, 글자의 모양을 잘 보고 예쁘게 써 보세요.

교실에서 그림을

그리고 있었습니

다. 건드렸습니다.

문장 부호와 띄어 쓰기, 글자의 모양을 잘 보고 예쁘게 써 보세요.

너 때문에 그림

이 엉망이 되었

잖아 사과하고

문장 부호와 띄어 쓰기, 글자의 모양을 잘 보고 예쁘게 써 보세요.

싶은 마음이 없
어졌습니다. 줄을
마구 그으면 어

문장 부호와 띄어 쓰기, 글자의 모양을 잘 보고 예쁘게 써 보세요.

떻게 해 선생님

께서 물으셨습니

다. 상수 때문에

읽기 106쪽

"영희 그림은 상수 때문에 멋있어졌네. 상수 그림은 영희 때문에 시원한 바다가 되었어."

'멋있어졌다고?'

'시원한 바다가 되었다고?'

아이들이 우르르 몰려왔습니다.

 선을 따라가 낱말 풀이를 읽어 보세요.

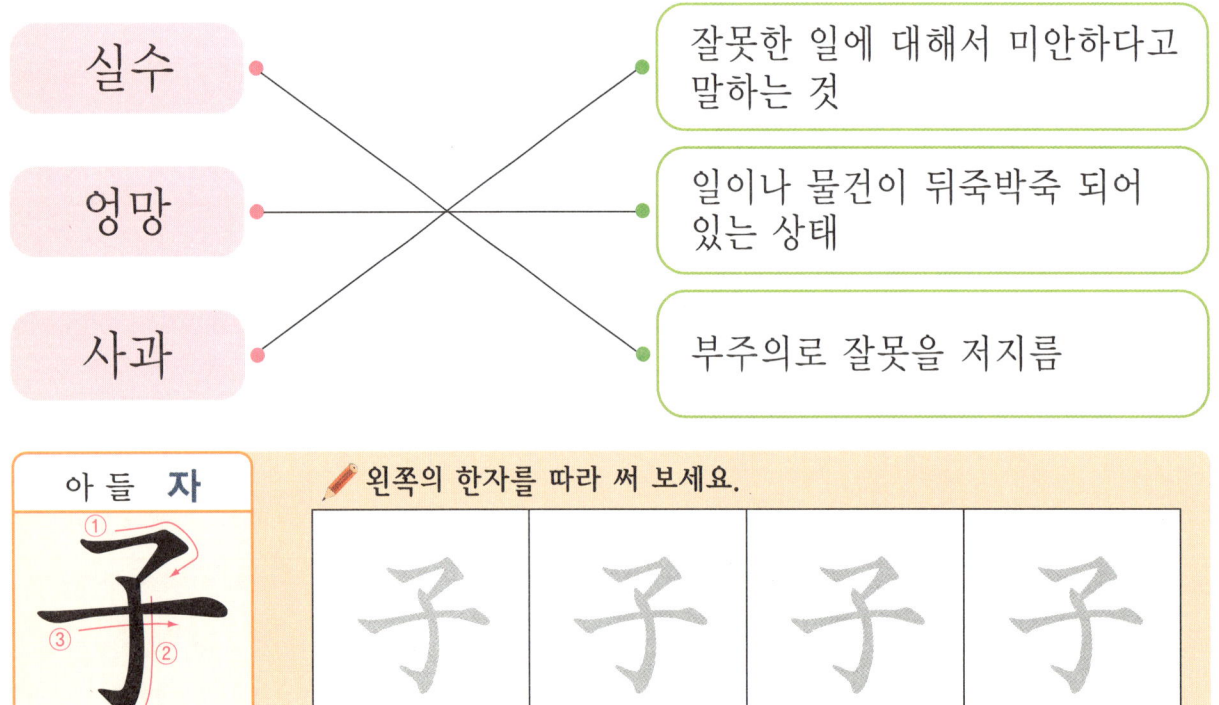

실수	—	잘못한 일에 대해서 미안하다고 말하는 것
엉망	—	일이나 물건이 뒤죽박죽 되어 있는 상태
사과	—	부주의로 잘못을 저지름

아들 자 子 — 왼쪽의 한자를 따라 써 보세요.
子 子 子 子

문장 부호와 띄어 쓰기, 글자의 모양을 잘 보고 예쁘게 써 보세요.

멋있어졌네. 아이들이 우르르 몰려왔습니다.

받아쓰기

*예시문 112쪽 참조하세요.

선생님께서 불러 주시는 말을 바르게 받아 써 봅시다.

1
2
3
4
5
6
7
8
9
10

틀린문장을 다시 써 보세요.

준호의 실수

읽기 110~111쪽

나는 전학을 간 미영이가 보고 싶었습니다. 그래서 미영이에게 전화를 ①걸었습니다. 전화기에서 미영이 목소리가 들렸습니다. 나는 무척 반가웠습니다.

"잘 ②있었니? 정말 반가워!"

"누구세요?"

미영이 목소리가 다시 들렸습니다.

"미영아, 나 준호야. 나 모르겠니?"

나는 몹시 ③섭섭하였습니다.

"준호라고? 나 미영이 언니야."

나는 깜짝 놀랐습니다.

"누나, 미안해요!"

"괜찮아, 준호야."

누나가 다정하게 말하였습니다.

① 거렀씀니다 ② 읻썽니 ③ 섭섭파엳씀니다

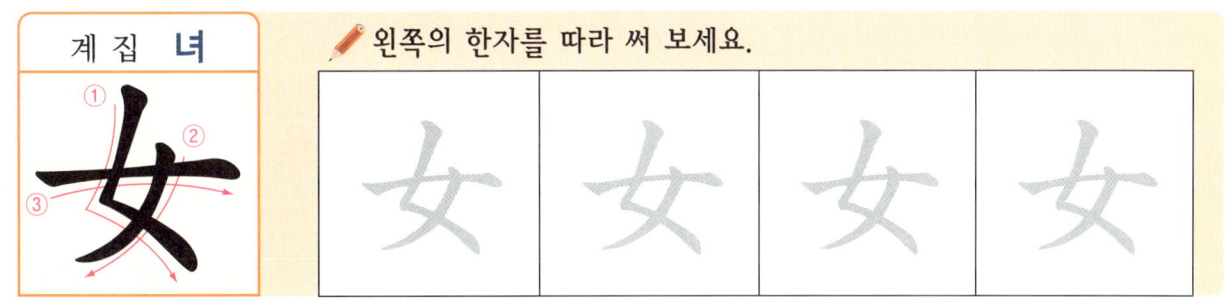

문장 부호와 띄어 쓰기, 글자의 모양을 잘 보고 예쁘게 써 보세요.

전화를 걸었습니다. 목소리가 들렸습니다. 반가웠

문장 부호와 띄어 쓰기, 글자의 모양을 잘 보고 예쁘게 써 보세요.

습니다. 나 모르

겠니 몹시 섭섭

하였습니다.

학용품 이야기

나는 지연이 삼각자예요. 지연이는 나를 잃어버린 줄도 모르고 집에서 잠을 자고 있겠지요? 나는 지금 지연이가 보고 싶어요! 여러분, 나와 비슷한 경험이 있으면 말해 보세요.

나는 윤수 지우개예요. 윤수는 심한 장난꾸러기예요. 나를 함부로 다루고, 내 몸에 낙서도 하였어요. 그래서 나는 이렇게 못생긴 모습이 되었어요. 윤수가 나를 찾아서 깨끗하게 사용하였으면 좋겠어요.

나는 혜정이 연필이에요. 혜정이는 공부할 때에 나를 입으로 무는 버릇이 있어요. 그럴 때마다 나는 무척 아팠어요. 혜정이는 모르고 그랬겠지만 나는 괴로웠어요.

나는 영민이 크레파스예요. 영민이가 책상 옆에 떨어진 나를 보지 못하고 그냥 집으로 가 버렸어요. 영민이는 작아진 나에게 관심이 없나 봐요.

선을 따라가 낱말 풀이를 읽어 보세요.

경험	어떤 사물에 마음이 끌리어 주의를 기울이는 일
관심	장난으로 아무 데나 글자를 쓰거나 그림을 그림
낙서	자기가 직접 보고, 듣고, 해 본 일

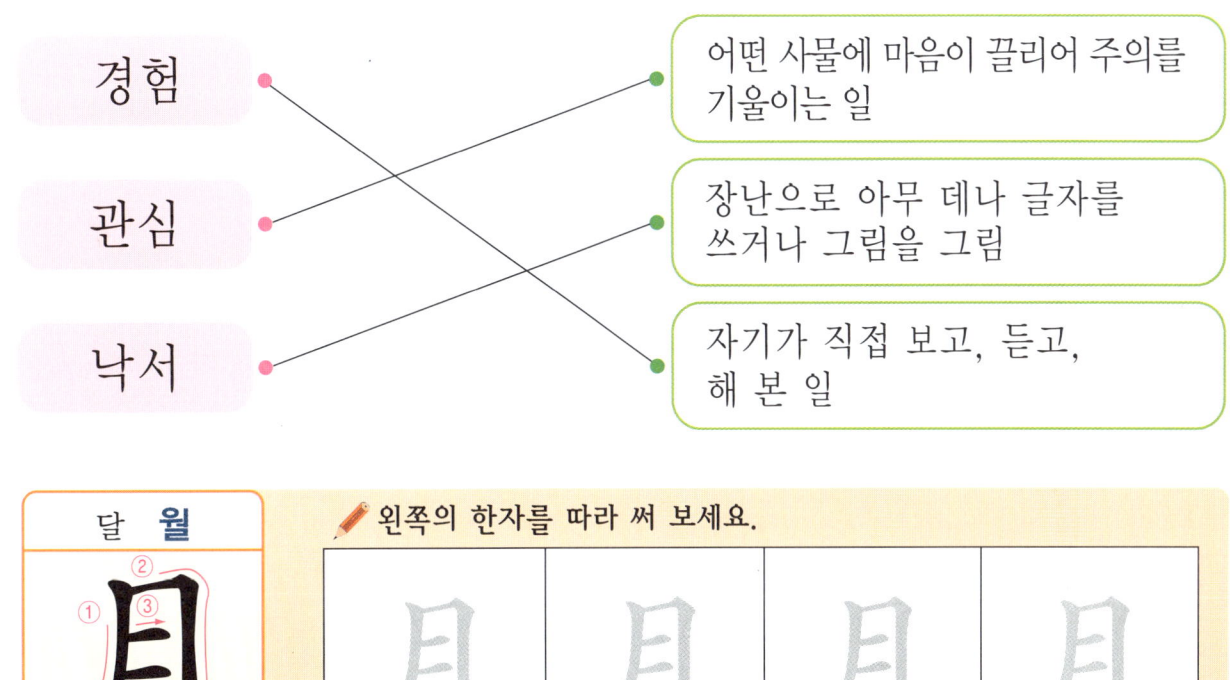

달 월

왼쪽의 한자를 따라 써 보세요.

月 月 月 月

문장 부호와 띄어 쓰기, 글자의 모양을 잘 보고 예쁘게 써 보세요.

나를　잃어버린

줄도　모르고　집

에서　잠을　자고

문장 부호와 띄어 쓰기, 글자의 모양을 잘 보고 예쁘게 써 보세요.

있	겠	지	요	?		나	와
비	슷	한		경	험	이	
있	으	면		말	해		보

문장 부호와 띄어 쓰기, 글자의 모양을 잘 보고 예쁘게 써 보세요.

세요. 내 몸에

낙서도 하였어요.

못생긴 모습이

문장 부호와 띄어 쓰기, 글자의 모양을 잘 보고 예쁘게 써 보세요.

되었어요. 입으로

무는 버릇이 있

어요. 괴로웠어요.

문장 부호와 띄어 쓰기, 글자의 모양을 잘 보고 예쁘게 써 보세요.

책상 옆에 떨어진 나에게 관심이 없나 봐요.

파란색으로 쓴 낱말의 발음에 주의하며 글을 읽어 보세요.

읽기 114~115쪽

나는 철진이 공책이에요. 철진이는 공책에 이름을 쓰지 않는 ①버릇이 있어요. 어제 선생님께서 나를 들어 보이며 누구의 것이냐고 물어 보셨어요. 철진이는 나를 알아보지 못했어요. 이름을 써 놓았더라면 나를 알아봤을 텐데.

나는 광식이 책받침이에요. 광식이는 병수와 책받침으로 ②장난을 자주 했어요. 그럴 때마다 나는 아팠어요. 광식이는 내가 아파하는 걸 알고나 있을까요?

여러분, 지금까지 여러분이 한 말을 듣고 보니 정말 슬퍼요! 지연이네 반 선생님께서는 우리를 소중하게 다루라고 늘 말씀하셨어요. 지연이네 반 아이들이 선생님 ③말씀을 잘 따르면 얼마나 좋을까요?

① 버르시 ② 장나늘 ③ 말쓰믈

문장 부호와 띄어 쓰기, 글자의 모양을 잘 보고 예쁘게 써 보세요.

이	름	을		쓰	지		않
는		버	릇	이		있	어
요	.		누	구	의		것	이

문장 부호와 띄어 쓰기, 글자의 모양을 잘 보고 예쁘게 써 보세요.

냐고 물어 보셨

어요. 이름을 써

놓았더라면 나를

문장 부호와 띄어 쓰기, 글자의 모양을 잘 보고 예쁘게 써 보세요.

알아봤을 텐데.

책받침으로 장난

을 자주 했어요.

문장 부호와 띄어 쓰기, 글자의 모양을 잘 보고 예쁘게 써 보세요.

선생님 말씀을

잘 따르면 얼마

나 좋을까요?

받아쓰기

*예시문 112쪽 참조하세요.

선생님께서 불러 주시는 말을 바르게 받아 써 봅시다.

1
2
3
4
5
6
7
8
9
10

틀린문장을 다시 써 보세요.

도도와 미미

때: 여름

곳: 숲 속, 마을

나오는 사람들: 도도, 미미, 다람쥐, 토끼, 비둘기, 뻐꾸기, 아이들, 소나무

숲 속에서 일어난 일

도도와 미미는 숲 속에 사는 쌍둥이 새입니다. 도도와 미미는 목청껏 노래를 불렀습니다. 그래서 숲 속은 언제나 시끄러웠습니다.

도도: 내 노래가 최고야. 도도, 도도.

미미: 아니야, 내 노래가 최고야. 미미, 미미.

다람쥐: 누가 이렇게 소리를 지르지? 시끄러워서 살 수가 없어.

토끼: 그러게 말이야. 계속 도도, 미미만 하잖아?

도도: 미미야, 다람쥐와 토끼가 왜 화를 내지?

미미: 샘이 나서 그러나 봐.

읽기 120~121쪽

숲 속에 살던 ①동물들은 참다 못해 하나 둘 이사를 갔습니다. 친구들이 없는 숲 속 생활은 재미가 없었습니다. 도도와 미미는 ②사람들이 사는 마을에 가 보기로 하였습니다.

① 동물드른 참따 모테   ② 사람드리 사는 마을에

선을 따라가 낱말 풀이를 읽어 보세요.

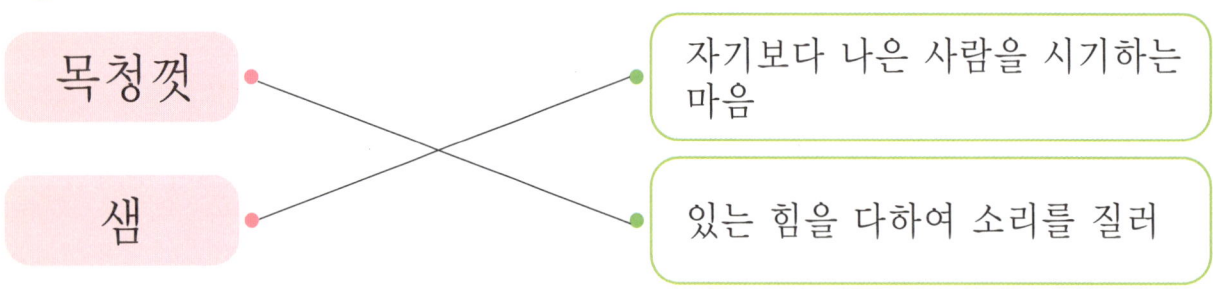

목청껏 — 있는 힘을 다하여 소리를 질러
샘 — 자기보다 나은 사람을 시기하는 마음

나무 목

왼쪽의 한자를 따라 써 보세요.

문장 부호와 띄어 쓰기, 글자의 모양을 잘 보고 예쁘게 써 보세요.

숲 속에 사는

쌍둥이 새입니다.

목청껏 노래를

문장 부호와 띄어 쓰기, 글자의 모양을 잘 보고 예쁘게 써 보세요.

불렀습니다. 시끄
러워서 살 수가
없어. 샘이 나서

마을에서 일어난 일

도도와 미미는 소나무 가지 위에 앉았습니다. 사람들이 밭에서 일을 하고 있었습니다.

비둘기: 아저씨, 안녕하세요? 날씨가 더워서 일하기 힘드시죠? 제가 노래를 불러 드릴게요. 구구, 구구.

비둘기가 밭에서 일하는 사람들을 위하여 노래를 불렀습니다. 비둘기의 노랫소리는 작지만 아름다웠습니다. 사람들은 비둘기의 노래를 들으며 밭에서 즐겁게 일을 하였습니다. 조금 떨어진 곳에는 뻐꾸기도 있었습니다.

문장 부호와 띄어 쓰기, 글자의 모양을 잘 보고 예쁘게 써 보세요.

동물들은 참다

못해 친구가 없

는 숲 속 생활

문장 부호와 띄어 쓰기, 글자의 모양을 잘 보고 예쁘게 써 보세요.

가지 위에 앉았

습니다. 아름다웠

습니다. 노랫소리

받아쓰기

*예시문 112쪽 참조하세요.

🐤 선생님께서 불러 주시는 말을 바르게 받아 써 봅시다.

1
2
3
4
5
6
7
8
9
10

🐤 틀린문장을 다시 써 보세요.

받아쓰기

1회

1. 아버지
2. 어머니
3. 아기
4. 우리 가족
5. 내 친구
6. 고마우신 선생님
7. 즐거운 학교
8. 우리는 하나
9. 그림을 잘 그립니다.
10. 화가가 되고 싶습니다.

2회

1. 아침입니다.
2. 학교에 다녀오겠습니다.
3. 아기 돼지
4. 알았다고 꿀꿀꿀
5. 춤을 추어요.
6. 어깨를 으쓱으쓱
7. 고개를 끄덕끄덕
8. 엉덩이를 흔들흔들
9. 연못 속에 풍덩
10. 엄마 따라 둥둥

3회

1. 가재를 잡고 있습니다.
2. 꾀 많은 여우
3. 나눠 먹지 않을래
4. 나 혼자 먹어야지
5. 여우가 꾀를 냅니다.
6. 내가 받을게
7. 벌집을 받아들고는
8. 여우를 쫓아가며
9. 침을 쏘아 댑니다.
10. 몸이 퉁퉁 부어 오릅니다.

4회

1. 밭을 매러 가시고
2. 혼자서 집을 봅니다.
3. 문을 엽니다.
4. 외양간 빗장을 풀자
5. 배추밭으로 깡충깡충
6. 맛있게 먹습니다.
7. 안돼 빨리 돌아와
8. 그걸 먹으면 어떻게 해
9. 운동을 열심히 합니다.
10. 체조를 합니다.

받아쓰기

5회
1. 냇물에서 나는 냄새였습니다.
2. 언제부터 이렇게 되었지
3. 냇물이 더러워졌으니
4. 얼굴 표정이 어두워졌습니다.
5. 맑은 물과 뛰어노는 물고기
6. 낮에 있었던 일
7. 햇볕이 따스한 오후
8. 집을 나섰습니다.
9. 많은 아이들이 놀이터에서
10. 모래성을 쌓으면 재미있잖아

6회
1. 괘종시계와 뻐꾸기시계
2. 소리를 뽐내었습니다.
3. 소리가 들리지 않는다고
4. 장난감을 많이 가지고 있습니다.
5. 찾았습니다.
6. 그림이 엉망이 되었잖아
7. 사과하고 싶은 마음
8. 얄미웠습니다.
9. 도화지에 줄을 그으면 어떻게 해
10. 빙그레 웃으며 말씀하셨습니다.

7회
1. 전화를 걸었습니다.
2. 무척 반가웠습니다.
3. 괜찮아
4. 잃어버린 줄도 모르고
5. 비슷한 경험
6. 이렇게 못생긴 모습이
7. 나는 괴로웠어요.
8. 관심이 없나봐요.
9. 이름을 쓰지 않는 버릇이 있어요.
10. 책받침이에요.

8회
1. 숲 속에 사는 쌍둥이 새
2. 목청껏 노래를 불렀습니다.
3. 내 노래가 최고야.
4. 토끼가 왜 화를 내지
5. 친구들이 없는 숲 속 생활
6. 가지 위에 앉았습니다.
7. 밭에서 일을 하고 있었습니다.
8. 날씨가 더워서
9. 노랫소리
10. 작지만 아름다웠습니다.